Suitte des Residences Memorables

D'EUGENE FRANCOIS

Duc de Savoye et de Piemont &c.

Sixieme Partie

Dans la quelle se presente les Entrées Principales et ordinaires tout du Palais que du Jardin, aussi-bien que les Plans et Elevations des 2. Aisles, de la Menagerie, et du Jardin potager, avec la Maison, ou est une Machine qui conduit les Eaux au grand Jardin.

Le tout inventé par le Sieur Jean Lucca de Hildebrand &c.
et levé sur le Lieu par le Sieur Salomon Kleiner &c.
et se trouve à Augsbourg chez les Heritiers de Jeremie Wolff.

MDCCXXXVI.

Avec Privilege de Sa Maj. Imperiale et Catholique.

Wunderwürdiges Kriegs-und Siegs-Lager

EUGENII FRANCISCI

Hertzogen zu Savoyen und Piemont &c.

Sechster Theil

In welchem die bey dem Haupt-Gebäude anstossende Chor-und Seiten-Gebäude, Thier-und Kuchel-Garten samt dem Brunn-Hauß vorgebildet werden. So durch Herrn Johan Lucas von Hildebrand &c. aufgeführet worden, anjetzo genau abgemeßen und gezeichnet von Herrn Salomon Kleiner &c.

Augsburg in Verlegung Ieremias Wolffens seel. Erben

MDCCXXXVI.

Cum Gratiâ et Privilegio Sacr. Cæs. Maj.

Sal. Kleiner Ing. Cl. M. del. — Iohan Aug. Corvinus Sculpsit — 1.

Entreé principale du Palais, composée de 3. grilles de fer marquée S. sur la seconde feüille de la premiere partie.

Das grosse Haupt-Thor mit eyssernen Gitter. In dem Grund-Riss N. 2. des ersten Theils ist solches mit Lit. S. bemercket.

Cum Privil. Sac. Caes. Maj. — Haered. Ieremi. Wolffy excud. Aug. Vind.

Sal. Kleiner I. K. Mag. del. | Joh. Jac. Grasmann Sculps. 2.

Entrée ordinare, qui est située aux costés de la grande Cour, marquée sur la Seconde feüille de la prem.e partie entre Z. et O. Y. et P.

Seithen-Einfahrt zum täglichen Gebrauch, In dem Grund-Riß N. 2. I. Ch. stehet es zwischen Z. und O. auch Y. und P.

Cum Privileg. Sac. Cæs. Majest. | Hæred. Ieræm Wolffy excud. Aug. Vind.

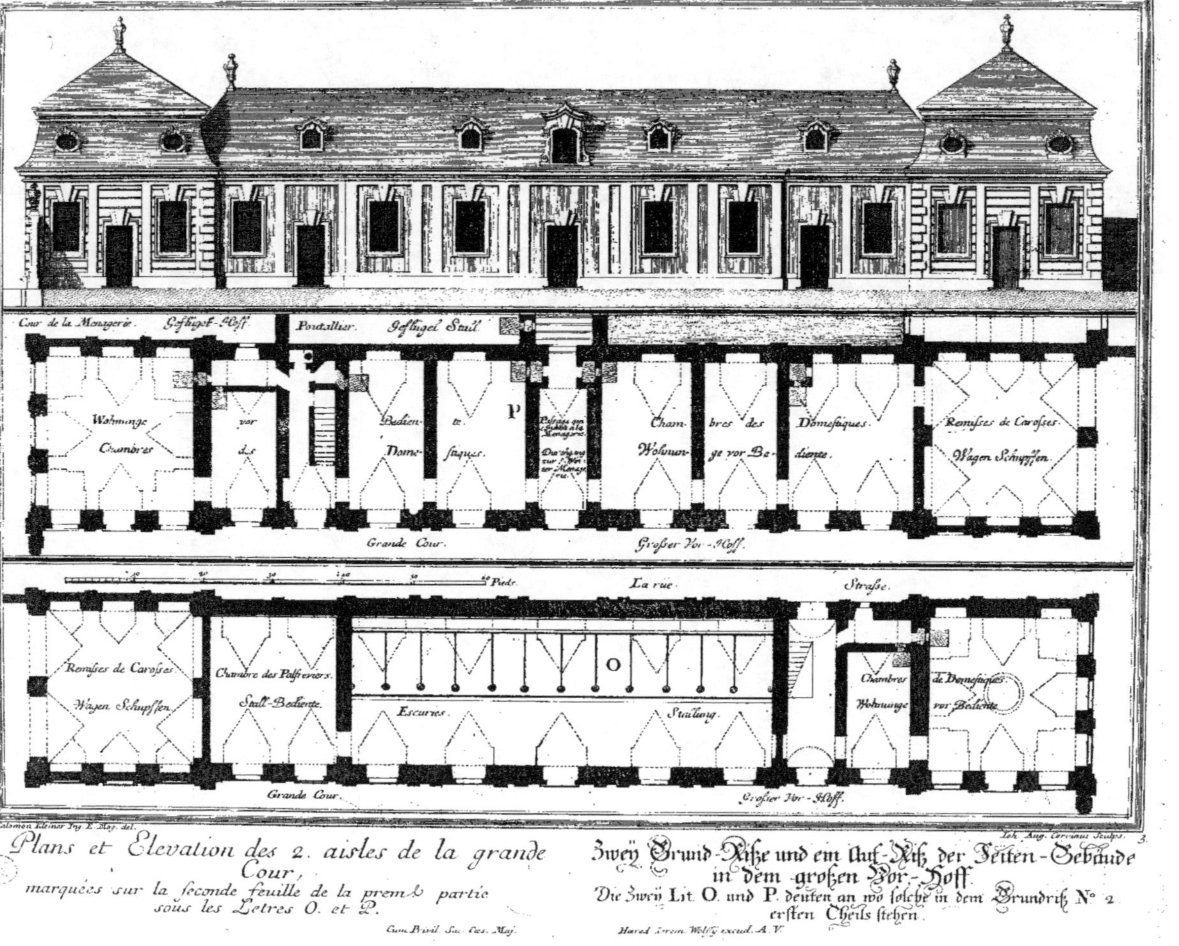

Salomon Kleiner Ing. E. Maj. del.

Ioh. Aug. Corvinus Sculps. 3.

Plans et Elevation des 2. aisles de la grande Cour, marquées sur la seconde feuille de la prem. partie sous les Letres O. et P.

Zwey Grund-Risse und ein Auf-Riß der Seiten-Gebäude in dem großen Vor-Hoff. Die Zwey Lit. O. und P. deuten an wo solche in dem Grundriß No. 2 ersten Theils stehen.

Cum Privil. Sac. Caes. Maj.

Haered. Ierem. Wolffy excud. A. V.

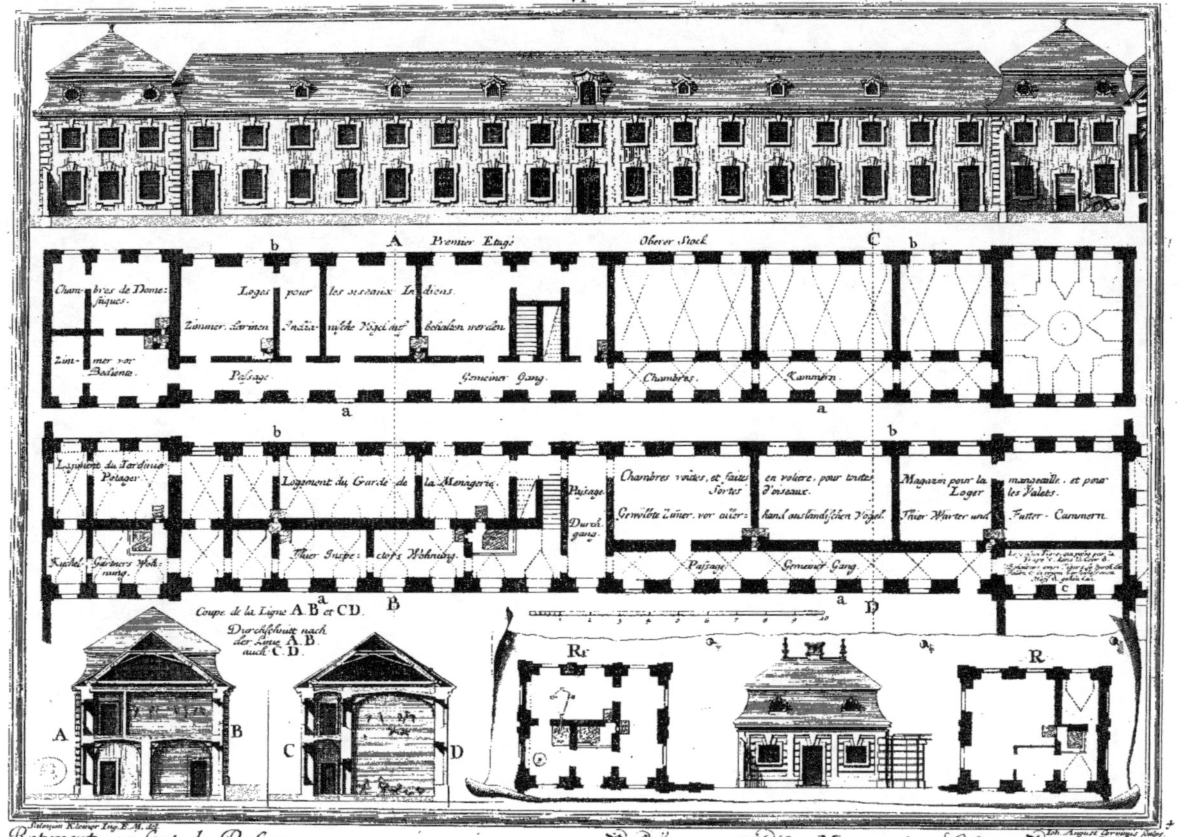

Salomon Kleiner Ing. E. M. del. — Joh. August Corvinus sculps. 4

Batiment qui sert de Refuge pour certains animaux en hiver, marquée sur la seconde feuille de la prem. partie sous la lettre Q

a. Veue du coté de la Menagerie. b. Veue du coté du Jardin potager. R. Chambres du du Suisse, marquée R. dans le Plan de la premier partie. Rr. Forge.

Vorstellung der Winter Menagerie, welche im Grund-Riß N. 2. des ersten Theils bezeichnet ist mit Lit. Q.

a. Die Seithen gegen dem Geflügel-Hoff. b. Die Seithen gegen dem Kuchel-Garten. R. Schweitzers Wohnung, so in dem Grundriß des ersten Theils mit diesem Buchstaben zu finden. Rr. ist eine Schmidten.

Cum Pr. Sac. Caes. Maj. — Haered. Jer. Wolffÿ excud. Aug. Vind.

VI.

Sal. Kleiner Ingen. Elect. Mag. del. — Ioh. Aug. Corvinus Sculps. 5.

Veue de la Menagerie, la quelle a son Centre de la Terraſse du grand Batiment au premier Etage.

Proſpect des Thier-Gartens, von der Althane des Haupt-Gebäudes anzuſehen.

Cum Privil. Sac. Cæs. Maj. — Haered. Ierem. Wolffy excud. Aug. Vind.

VI

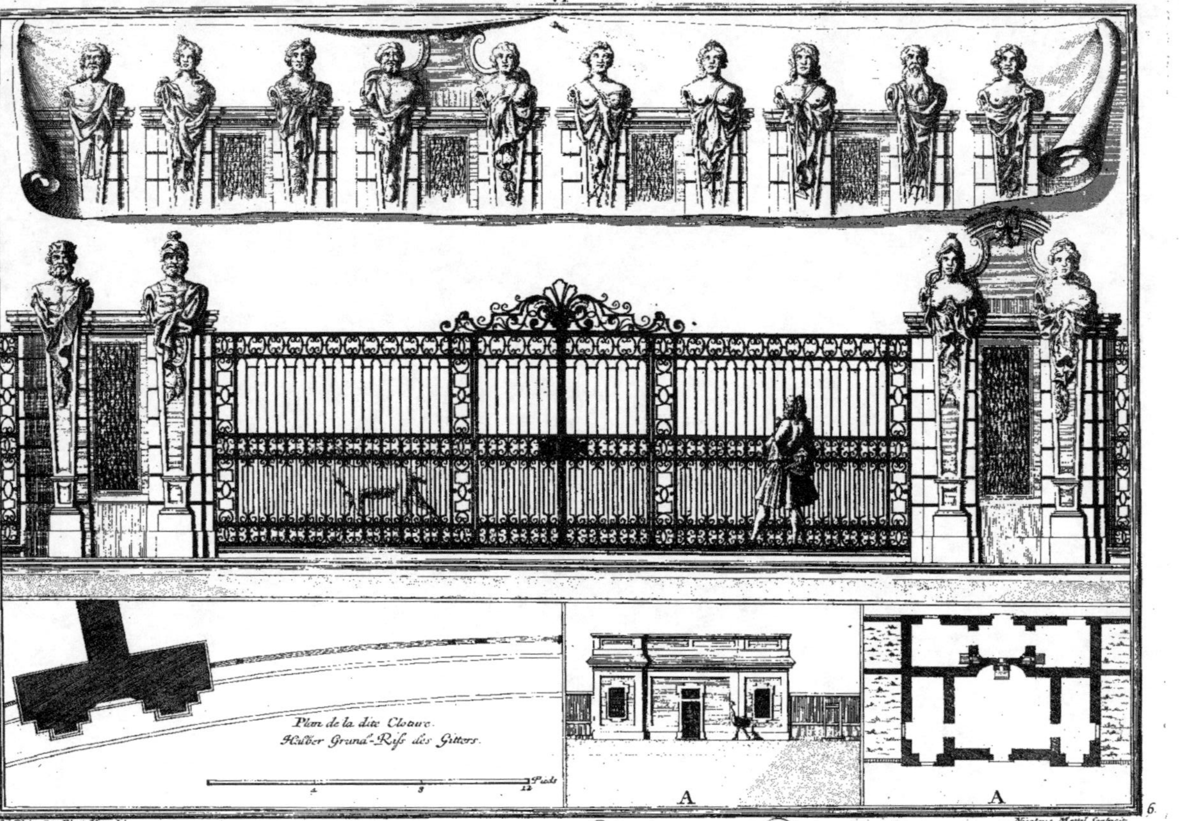

Sal. Kleiner Ing. Elect. Mag. del.

Nicolaus Mettel Sculpsit

Trumeaux a doubles Thermes, entre les quels sont des Grilles de fer qui sont la Cloture de la Menagerie du coté du Palais.

A. Veüe d'une des 7. Loges principales de cette Menagerie.

Vorbildung eines Gitters mit ihren Pfeilern und Thermes, von dem vorhergehendem Thier-Garten.

A. Auf- und Grund-Riss eines Hauses vor die Thiere, deren sieben in dem Thier-Garten seynd.

Cum Priv. Sac. Caes. Maj.

Hered. Ier. Wolffy excudit Aug. Vind.

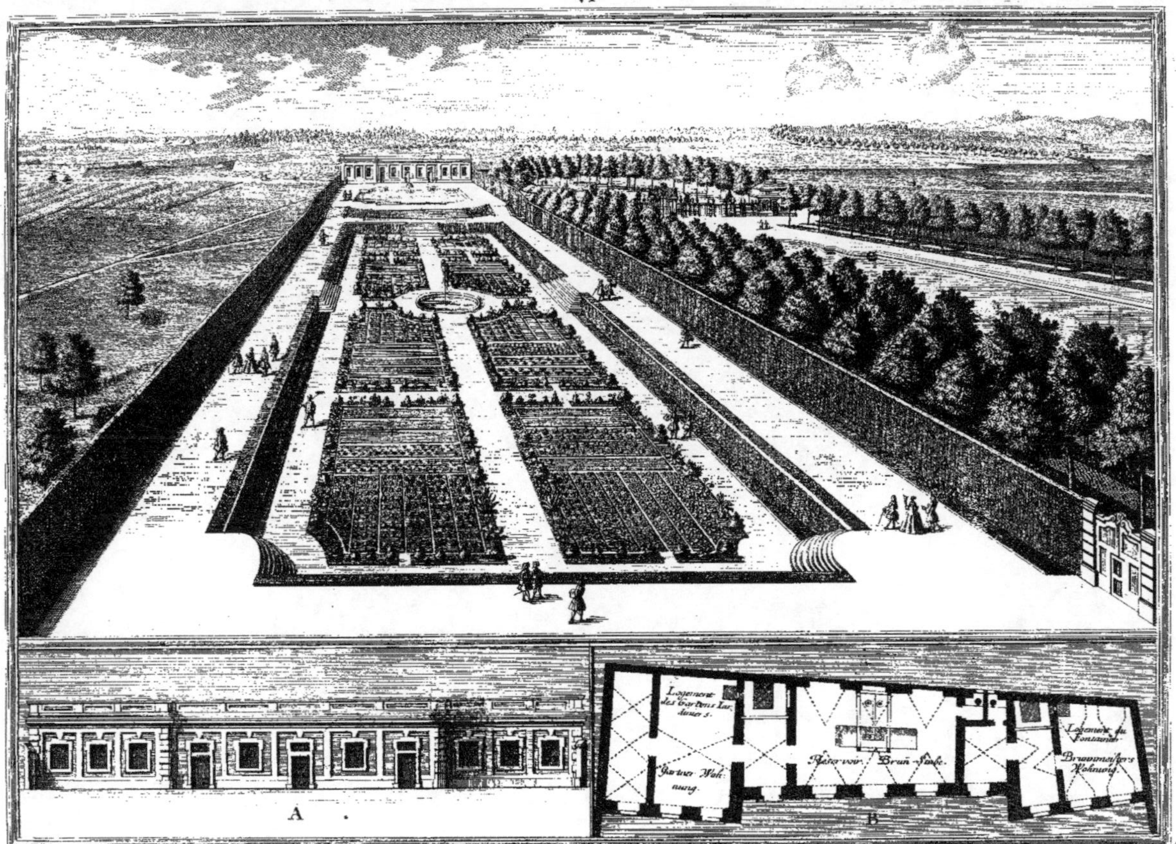
Logement des Gartens Iardinier s.
Gartner Wohnung.
Reservoir. Brun-Stube.
Logement du Fontainier
Brunnmeisters Wohnung.
A
B

Sal. Kleiner Ing. Elect. Mog. del. — Joh. August Corvinus Sculpsit. 7

Veüe du Jardin potager.

A.B. Veüe et Plan du Batiment das le quel se trouve la Machine qui fournit l'Eau au Reservoir qui suit; marqueé V. dans le plan de la prem. partie.

Prospect des Küchen-Gartens.

A.B. Auf- und Grund-Riß des Brunn-Hausses, in dem Grund-Riß N. 2. des ersten Theils bemerket.

Cum Priv. Sac. Caes. Maj. — Haered. Ier. Wolffy excud. Aug. Vind.

Sal. Kleiner Ing. Elect. Mog. del.

Balthas Sigmund Setlezky Sculps. 8

Grilles de fer, situes aux 2. costés du grand Bati-ment, par les quelles on va d'un coté du grand Jardin. a la Menagerie, et de l'autre, du Jardin au grand Reservoir c'est a dire l'une a droite et l'autre a gauche, et marquees Y. et Z.

Eisernes Thor, neben dem Haupt-Gebäude in dem grosen Garten deren zwey sind. durch dieses komt man zum Reservoir Z. durch das andere gegen über erlanget man zu dem Thier-Garten.

Cum Pr. Sac. Caes. Maj.

Haered. Jer. Wolffy excud. Aug. Vind.

Salom. Kleiner Ing. Elect. Mag. del. — Nicolaus Mettel Sculpsit 9

Grilles de fer, qui doñent la Cõmunication du grand Jardin; a sçavoir la premiere vers la Voliere c. d. de la seconde feuille de la premiere partie, et la seconde vers l'Orangerie ou sont les Berceaux b. aussi marquées sur la dite feuille.

Eisernes Thor in dem großen Garten, deren zwey sind, dieses führet zum Vogel-Hauß c. d. das andere zu denen Lust-Häusern b. wie es diese Buchstaben in dem Grund-Riß N. 2. des ersten Theils zeigen.

Cum Pr. Sac. Caes. Maj. — Haered. Ier. Wolffy excud. Aug. Vind.

www.ingramcontent.com/pod-product-compliance
Lightning Source LLC
LaVergne TN
LVHW052037160826
845678LV00003B/1406

* 9 7 8 2 3 2 9 6 1 9 1 0 1 *